알을 들여다보면
아주 작은 아기가
자라고 있어.

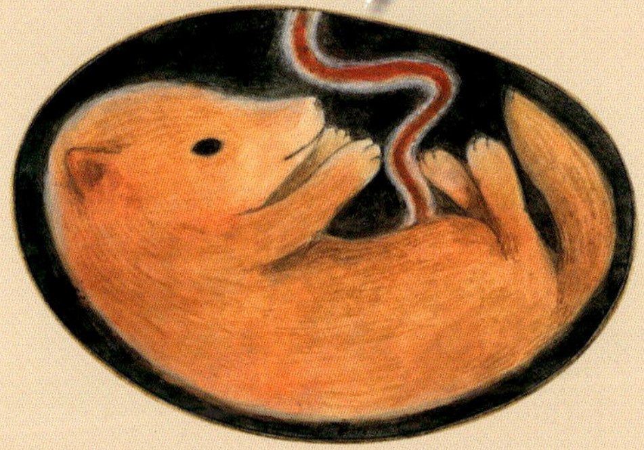
엄마 배를 들여다보면
아주 작은 아기가
자라고 있어.

글 김인숙

충남 논산에서 태어나 대학교에서 영어영문학을 공부하였고,
지금은 어린이책을 쓰고 있습니다.
그동안 <오천 년 지혜 담긴 건물 이야기>,
<엽기발랄 안다박사의 요건 몰랐지?> 등을 썼으며,
어린이들이 재미있게 읽고 행복할 수 있는
글을 쓰기 위해 노력하고 있습니다.

그림 국설희

성신여자대학교 서양화과를 졸업하였으며
일러스트 그룹 '이야기 먹은 종이'의 회원입니다.
현재는 그림을 그리면서 아이들에게 미술을 가르치고 있습니다.
그동안 <앗, 쉬이 물렀거라>, <장승이 준 삼천냥>, <파시> 등의
책에 그림을 그렸습니다.

감수 박시룡

경희대학교 생물학과를 졸업하고 독일 본대학교에서
동물행동학을 전공하여 박사 학위를 받았습니다.
한국교원대학교 생물교육과 교수, 황새복원연구센터
소장을 지냈습니다.
지은 책으로 <와우! 우리들의 동물친구>,
<동물행동학의 이해> 등이 있고,
옮긴 책으로는 <딱새를 속여 번식하는 뻐꾸기>,
<진딧물을 길들이는 붉은개미> 등이 있습니다.
KBS <동물의 세계>, <동물의 왕국>의 감수도 맡고 있습니다.

동물 · 난생 태생 07 나는 알에서 너는 엄마 배 속에서

김인숙 글 · 국설희 그림 · 박시룡 감수
펴낸곳 (주)아람키즈 | 펴낸이 이소영 | 주소 서울특별시 성동구 성수이로 147, 아이에스비즈타워 2F
고객센터 1644-4521 | 팩스 02-468-5548 | 홈페이지 www.aramkids.co.kr | 출판등록 제2020-000011호
기획 · 편집 · 디자인 (주)아람키즈 하늘땅
ISBN 979-11-6543-516-5 979-11-6543-574-5(세트)

- 눈을 편안하게 해 주는 친환경 식물성 원료인 콩기름 잉크로 인쇄하였습니다.

▲ 책 모서리가 날카로워 다칠 수 있으니 사람을 향해 던지거나 떨어뜨리지 마십시오.
▲ 종이에 베이거나 긁힐 수 있으므로 주의해 주십시오.

나는 알에서 너는 엄마 배 속에서

김인숙 글 · 국설희 그림 · 박시룡 감수

아기들은 어디선가 퐁퐁 팡팡 솟아나는 게 아닐까?

아람키즈

그건 아니야,
모두 알*에서 나왔어.
땅 위에서, 땅속에서,
혹은 물속에서.

알을 낳기 위해 아빠랑 엄마는 사랑을 했어.
이렇게 저렇게.

연어알

달팽이알

참새알

그리고 엄마는 알을 낳았지.
작은 알, 큰 알,
한두 개 혹은 몇십 개.

물총새알

오리알

거북알

큰가시고기알

알들은 조용히
세상에 나올 준비를 해.
엄마 깃털 밑에서,
아빠가 지켜 주는
작은 집 안에서,
혹은 혼자서.

무당벌레알

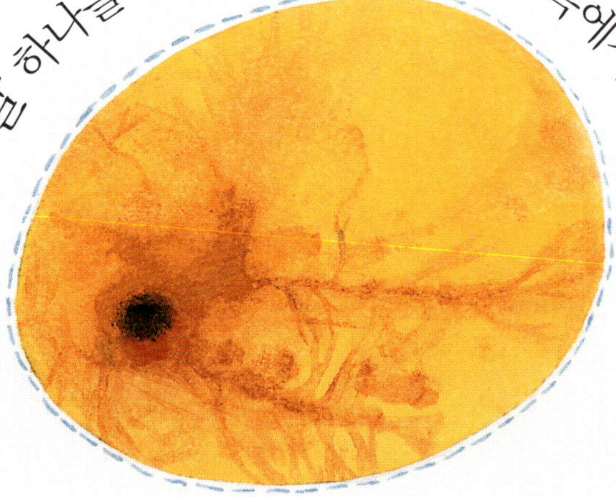

알 하나를 가만히 들여다보면 알 속에서

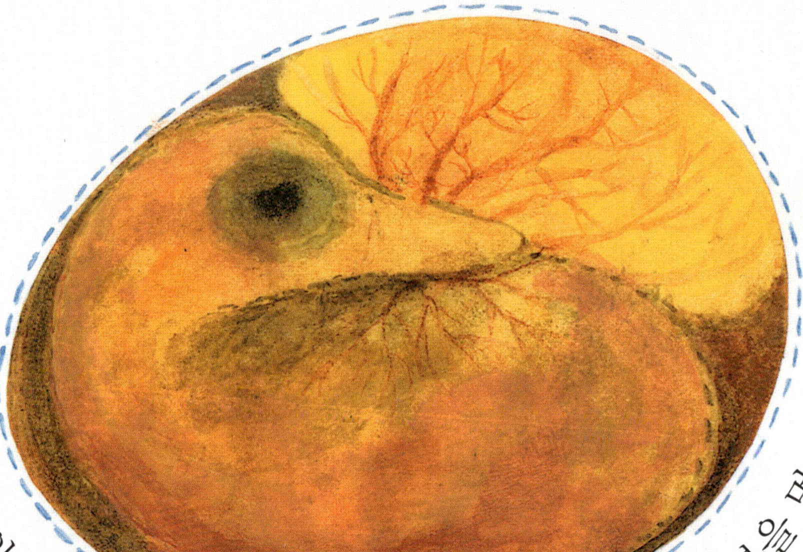

노른자위와 연결된 가느다란 줄을 통해 물과 공기와 영양분을 먹으며

아주 작은 아기가 자라고 있어. 세상에 나올 힘이 생길 때까지.

쉿! 알이 깨졌어.
알 속에서 작은 부리가
톡톡톡, 토독토독.
있는 힘을 다해 껍데기를 쪼았어.
그리고 알에서 나왔지.
이렇게.

아기들은 어디선가
퐁퐁 팡팡 솟아나온 게 아니야.
자, 봐. 아기들이 나온 알들이야.

"우린 알에서 나왔지!
우린 모두 엄마가 낳았어!"

신나는 과학놀이

문제 다음 중 알에서 나온 동물과 배 속에서 나온 동물로 짝지어진 것은 어떤 것일까요?

① **쥐, 토끼**

② **달팽이, 참새**

③ **오리, 무당벌레**

④ **거북, 여우**

정답은? ① ② ③ ④

문제 다음 중 **잘못된 말**을 고르세요.

① 나는 알에서 태어났어. 알에서 태어나는 것을 난생이라고 해.

② 나는 엄마 배 속에서 태어났어. 배 속에서 태어나는 것을 태생이라고 해.

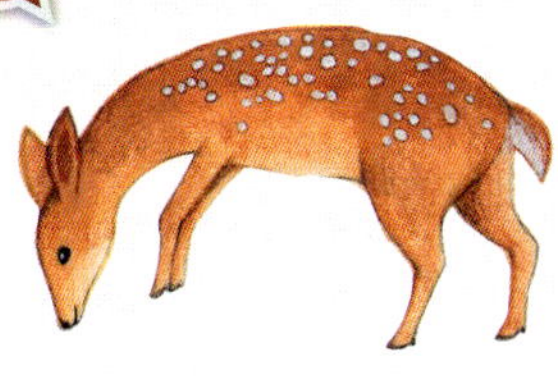

③ 나는 태어날 때 엄마랑 이어졌던 탯줄이 있었어.

④ 나는 알에서 태어났지만 난생은 아니야.

정답은? ① ② ③ ④

정답: 4, 4

앞뒤로 읽는 책이에요. 어느 쪽부터 읽어도 상관없어요.

• 이 책은 작품의 특성상 상호작용이 적용되지 않습니다.

나는 알에서 너는 엄마 배 속에서

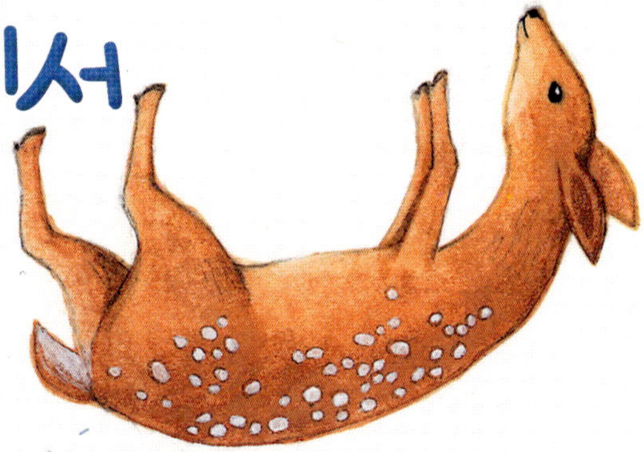

김인숙 글 · 국설희 그림 · 박시룡 감수

아기들은 어디선가 퐁퐁 팡팡 솟아나는 게 아닐까?

아람키즈

그건 아니야, 엄마가 낳았어.
땅 위에서, 땅속에서 혹은 나무 덤불 안에서.

아기를 낳기 위해 아빠랑 엄마는 사랑을 했어.
이렇게 저렇게.

그리고 엄마 배가 불러 왔어.
점점, 점점점, 점점점점, 더 크게.

엄마 배를 가만히 들여다보면 아기집 안에서

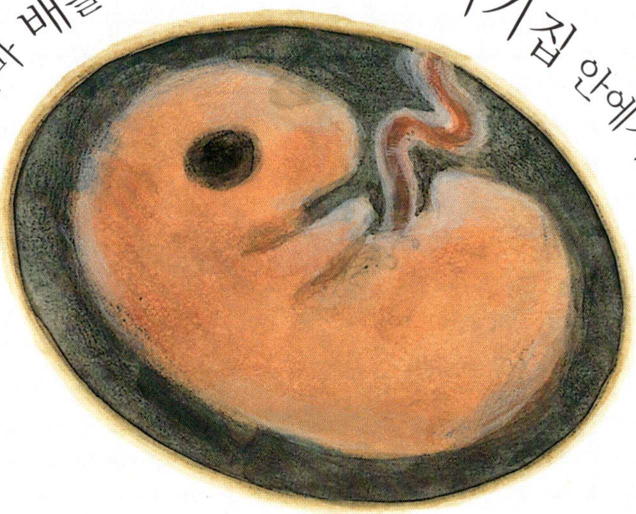

엄마랑 연결된 기다란 줄을 통해 물과 공기와 영양분을 받으며

아주 작은 아기가 자라고 있어. 세상에 나올 힘이 생길 때까지.

쉿! 아기가 나오고 있어.
엄마가 힘을 줘. 끄응, 끄응.
있는 힘을 다해 아기를 내보냈어.
그러자, 아기가 나왔지.
이렇게.

아기들은 어디선가
퐁퐁 팡팡 솟아나온 게 아니야.

자, 봐. 엄마랑 이어졌던 탯줄*이야.

"우린 배 속에서 나왔지!
우린 모두 엄마가 낳았어!"